EXAMEN

DU

NOUVEAU PROJET DE LOI

SUR

L'INSTRUCTION SECONDAIRE

PAR

Charles JOURDAIN

Membre de l'Institut

Extrait du SUPPLÉMENT MENSUEL DU CONTEMPORAIN
Du 15 Mai 1881

PARIS

IMPRIMERIE F. LEVÉ

17, RUE CASSETTE, 17

1881

EXAMEN

DU

NOUVEAU PROJET DE LOI

SUR

L'INSTRUCTION SECONDAIRE

PAR

Charles JOURDAIN

Membre de l'Institut

Extrait du SUPPLÉMENT MENSUEL DU CONTEMPORAIN

Du 15 Mai 1881

PARIS

IMPRIMERIE F. LEVÉ

17, RUE CASSETTE, 17

1881

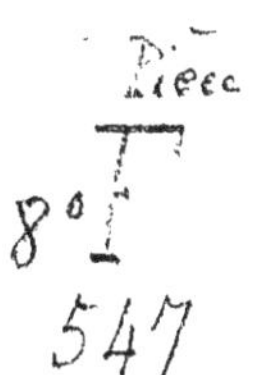

EXAMEN

DU

NOUVEAU PROJET DE LOI

SUR L'INSTRUCTION SECONDAIRE

« L'enseignement est libre.

« La liberté de l'enseignement s'exerce selon les conditions « de capacité et de moralité déterminées par les lois et sous la « surveillance de l'État. »

Telle est la déclaration que les auteurs de la Constitutton de 1848 n'ont pas hésité à y insérer. Il était de l'honneur et de l'intérêt du gouvernement républicain qu'un pacte aussi solennel ne restât pas une lettre morte, et que dans un court délai la liberté promise devint une vérité pratique. C'est dans cette pensée que la loi du 15 mars 1850 sur l'instruction publique a été préparée et votée a une imposante majorité par l'Assemblée nationale législative. Le vote avait été précédé de trois délibérations qui ne manquèrent pas d'éclat. Il fut accueilli, non seulement par le clergé, mais par les esprits libéraux, alors si nombreux dans le pays, comme l'acquittement loyal d'une dette constitutionnelle, comme un gage de pacification religieuse, et pour tout dire, comme la consécration définitive de droits imprescriptibles.

Aujourd'hui les garanties que la liberté d'enseignement avait trouvées, conformément à la constitution, dans la loi de 1850, ont disparu en partie; les Conseils qu'elle avait institués et dans lesquels tous les intérêts étaient représentés, ont été détruits ; dans les commissions administratives qui les ont remplacés, l'Université est devenue l'arbitre souverain des écoles rivales. Cependant quelques dispositions libérales subsistaient encore; elles étaient le dernier espoir des pères de famille et des amis généreux de leur pays, qui repoussent, en matière d'éducation principalement, le joug périlleux de l'État. Le nouveau projet de loi sur l'instruction secondaire, présenté le 11 décembre 1880 par M. Jules Ferry, tend à détruire ce reste de garanties, et à faire revivre par des moyens détournés le régime de l'autorisation préalable, aggravé des menaces d'une pénalité draconienne.

Sans nous livrer à des considérations générales qui seraient jugées superflues, car chacun de nous les a devancées, nous demandons la permission d'aborder immédiatement et de discuter un à un les articles du projet soumis en ce moment à la Chambre des députés.

Art. 1er. — « Tout Français, âgé de 25 ans au moins, et n'ayant « encouru aucune des incapacités comprises dans l'article 26 de « la loi du 15 mars 1850, peut former un établissement d'ins- « truction secondaire, à la condition de faire à l'inspecteur d'Aca- « démie du département où il se propose de s'établir, les décla- « rations prescrites par l'art. 27 de la même loi, et en outre de « produire entre ses mains les pièces suivantes :

« 1° Le diplôme de bachelier ès lettres ou de bachelier ès sciences;

« 2° Un certificat d'aptitude aux fonctions de l'enseignement, « délivré par le jury organisé à l'art. 3 ;

« 3° Les noms, titres et grades des collaborateurs qu'il se pro- « pose de s'adjoindre, soit comme professeurs, soit comme sur- « veillants;

« 4° Le plan du local et les programmes de l'enseignement. »

Le premier paragraphe de cet article n'exigeant pas d'autre grade que le baccalauréat ès lettres ou ès sciences de quiconque veut ouvrir un établissement d'instruction secondaire, ne modifie pas d'une manière sensible la législation existante. Si nous en jugeons par l'exposé des motifs, M. Jules Ferry était bien tenté de demander le grade de licencié. Il aura sans doute été arrêté par cette considération, qu'en 1876, sur 251 principaux de collège, il y en avait 150 qui n'avaient pas ce grade, et que parmi les proviseurs eux-mêmes il s'en trouvait un qui n'était que simple bachelier.

La principale innovation que l'article 1er présente est l'établissement du certificat d'aptitude aux fonctions de l'enseignement, et le plus spécieux argument à l'appui de cette innovation se tire du texte de divers projets de loi sur l'enseignement secondaire préparés ou présentés aux Chambres sous la monarchie de Juillet. Oui, nous l'avouons, M. Guizot en 1836, M. Cousin en 1840, M. Villemain en 1841 et en 1844, M. de Salvandy en 1847, M. le duc de Broglie devant la Chambre des pairs, M. Thiers devant la Chambre des députés, ont été d'avis d'exiger un certificat de capacité des chefs d'établissements d'instruction secondaire. En invoquant ces souvenirs, M. Jules Ferry était dans son droit. Nous pourrions lui répondre que la proposition avortée qu'il exhume aujourd'hui a soulevé, même à l'époque de la monarchie de Juillet, de vives et légitimes objections ; que d'ailleurs les temps sont changés ; que beaucoup de préjugés ont disparu ; que les conditions de la vraie liberté sont mieux comprises qu'il y a quarante ans ; qu'elle a passé dans les mœurs du pays, et qu'il est impolitique autant qu'injuste d'y porter une main sacrilège. Mais puisque M. le président du conseil des ministres essaie de nous écraser sous le poids des témoignages qu'il invoque, nous lui opposerons d'autres témoignages qui sont aussi graves et, à notre avis, plus décisifs.

En 1848, l'Assemblée nationale constituante avait chargé une commission de préparer une loi organique sur l'enseignement. Au nombre des commissaires élus, nous trouvons M. Barthélemy Saint-Hilaire, M. Carnot, M. Edgard Quinet, M. Jules de Lasteyrie, M. Germain Sarrut, M. Jules Simon, le général Poncelet, M. Payer, depuis membre de l'Académie des sciences. Assurément c'était là une commission qui ne pouvait pas être qualifiée de réactionnaire et qui était digne de la confiance de tous les républicains sincères et honnêtes. A quelles conditions soumit-elle les directeurs des établissements d'instruction secondaire ? A une seule, la production du diplôme de bachelier : ceux qui n'avaient pas ce diplôme et qui reculaient devant le jugement d'une faculté de l'État, étaient même autorisés à se présenter devant un jury composé de docteurs et de membres de l'Institut, qui leur délivrait un certificat équivalent au diplôme. « La preuve de capacité exigée par la Constitution, disait M. Jules Simon, rapporteur de la commission, n'est pas une preuve de capacité spéciale. Il suffit que l'on prouve que l'on est un homme instruit, que l'on a reçu une bonne éducation ; cela met les familles à l'abri d'un charlatanisme grossier. L'État ne doit que cela et ne peut que cela. »

Les auteurs de la loi de 1850 n'ont fait que reproduire les dispositions adoptées par la commission de 1848, en y ajoutant toutefois, pour quiconque prétend devenir chef d'institution, l'obligation de présenter « un certificat de stage constatant qu'il a rempli, pendant cinq ans au moins, des fonctions de professeur ou de surveillant dans une école secondaire. » On sait que le projet préparé sous l'administration et par les soins personnels de M. de Falloux fut renvoyé par l'Assemblée législative à l'examen du Conseil d'État. Il y avait en grand nombre dans le Conseil d'État des libéraux qui avaient pris part aux discussions sur la liberté d'enseignement : ont-ils songé à soumettre cette liberté, dans l'ordre des études secondaires, à d'autres conditions que le diplôme de bachelier et un stage de cinq années? Sont-ils revenus à l'idée d'un certificat spécial de capacité? Nullement. Le Conseil d'État a donné en cette partie une approbation sans réserve au projet qui lui était soumis ; de sorte que si M. Jules Ferry est en droit d'invoquer les traditions de la monarchie de Juillet, nous sommes de notre côté fondés à lui répondre que le certificat d'aptitude pédagogique qu'il prétend établir a été trois fois écarté : une première fois par la commission de 1848, une seconde fois par le Conseil d'État, une troisième fois par l'Assemblée législative à laquelle nous devons la loi de 1850.

Mais ce n'est point par voie d'autorité que de pareilles questions doivent se décider : il faut aller au fond des choses (1).

Le certificat de stage, aujourd'hui exigé, est traité par M. Jules Ferry avec un dédain qui nous paraît bien injuste. N'est-ce donc rien que d'avoir vécu cinq années au milieu des enfants et dans un commerce régulier avec eux, de les avoir, comme surveillant, accompagnés partout, à la salle d'étude, aux récréations, à la promenade, au réfectoire et au dortoir, d'avoir, comme professeur, suivi dans un enseignement quotidien le développement de ces jeunes esprits, intéressé leur curiosité, encouragé leurs efforts, stimulé leur paresse? N'est-ce pas ainsi qu'on apprend à les connaître, à les gouverner et, pour tout dire, à les élever ? Chez le futur chef d'institution cette expérience pro-

(1) Quelques-unes des observations qui suivent ont déjà paru dans nos articles du journal *Le Français* des 7, 8 et 9 janvier 1881.

longée pendant quelques années n'offrait-elle pas pour les familles, pour la société, une garantie très supérieure à celle que peut offrir un certificat obtenu à la suite d'un examen d'une demi-heure ou d'une heure? Qu'on veuille bien y songer : l'art de diriger une maison d'éducation, c'est-à-dire de former le cœur et l'esprit de la jeunesse, de se faire aimer et respecter d'elle, de la contenir à la fois et de l'exciter, de développer ses bons penchants et de réprimer les mauvais, de lui inculquer l'amour du travail, d'entretenir dans les classes une sage discipline, de communiquer à ses auxiliaires, surveillants, répétiteurs, professeurs, l'esprit et le zèle dont on est soi-même animé; cet art, si nécessaire et si difficile, suppose moins d'érudition que de jugement et de caractère; il s'apprend en général moins dans les livres que par la pratique, et pour témoigner qu'on l'a étudié et qu'on le possède à un degré convenable, quelques réponses heureuses ne suffisent pas; mieux vaut mille fois l'apprentissage de la vie scolaire dans les rudes fonctions de la surveillance ou de l'enseignement.

Le certificat de stage offre un autre avantage; ce n'est pas un brevet qui s'accorde ou qui se refuse à qui l'on veut. Le stage accompli, il est certifié par le chef de l'établissement où il a eu lieu, et l'attestation que celui-ci donne est homologuée par le Conseil académique. Rien de plus simple et aussi de plus sincèrement libéral que de pareilles dispositions; elles ne laissent aucune place à l'arbitraire; mais quand vous substituez au certificat de stage un certificat d'aptitude délivré par une commission à la suite d'un examen, la situation change du tout au tout. Le sort du candidat est aux mains de la commission; elle peut l'admettre, elle peut le repousser; elle dispose souverainement du droit d'enseigner. La liberté disparaît; nous retombons sous le régime de l'autorisation préalable; le caprice de quelques hommes tient lieu de loi. Est-ce pour ce motif que M. Jules Ferry préfère au certificat de stage le certificat d'aptitude pédagogique?

Que sera-ce d'ailleurs que l'examen qui conduira au brevet d'aptitude? Ce ne pourra être qu'un examen de pédagogie, c'est-à-dire un examen sur la science qui mérite le moins le nom de science, une science dont le domaine n'est pas circonscrit et dans laquelle on peut tout faire entrer, depuis les méthodes élémentaires pour apprendre aux enfants à lire et à écrire, jusqu'aux plus hautes vérités morales, en passant par l'histoire, la littérature et les mathématiques; une science sur laquelle les opinions diffèrent profondément, car les amis de M. Jules Ferry, qui pour la plupart ne croient pas en Dieu, n'attacheront certainement que la plus médiocre importance à l'enseignement religieux qui, au sentiment du chrétien, est le plus essentiel de tous. Prenons un autre exemple : tous ceux qui siégeront dans les jurys d'examen seront-ils d'accord sur l'excellence des études classiques, et ne s'en trouvera-t-il pas parmi eux qui dédaignent ces nobles études, qui méconnaissent leur incomparable efficacité pour former l'esprit et le cœur de l'homme, et qui mettent bien au-dessus du culte des lettres l'apprentissage des mathématiques appliquées et des sciences naturelles? Encore ne parlons-nous pas de l'histoire de l'éducation, ni des systèmes des philosophes anciens et modernes qui ont entrepris d'enseigner à un père et à une mère l'art d'élever leurs enfants : sujet aussi vaste et aussi délicat que pratiquement inutile, sur lequel un examinateur, curieux des choses du passé, se permettra plus d'une fois d'interroger les candidats, la question ne fît-elle pas partie du programme officiel. La matière de l'examen, immense en elle-même, a surtout l'inconvénient de n'être pas définie; elle prête singulièrement à l'arbitraire, et des épreuves bien conduites par un recteur docile permettront d'éliminer sans rémission, sous prétexte d'ignorance ou d'inexpérience, les candidats déplaisants. Sous le régime actuel, lorsque les lois sont si souvent tournées ou violées, quelle arme la disposition proposée par M. Jules Ferry ne mettra-t-elle pas entre ses mains contre les petits esprits qui ont, à droite ou à gauche, le malheur de ne pas admirer sa politique ni ses discours?

Vainement on viendra nous dire que les membres de la commission d'examen seront d'honnêtes gens qui prononceront suivant leur conscience. Nous répondons qu'ils auront été désignés par le ministre, et cela seul suffit pour nous les rendre suspects. Le ministre, nous l'accordons, les voudra intègres, mais il les voudra surtout dévoués et soumis, et il les choisira en conséquence. On a vu jusqu'à nos jours, en plus d'une occurrence, de très honnêtes gens tenir une conduite et rendre des jugements très peu honnêtes, par le triste effet d'une condescendance poussée jusqu'à la servilité envers le pouvoir. Les leçons de l'expérience nous ont appris à nous défier des tribunaux dont la composition est réglée suivant le bon plaisir d'un ministre.

Par conséquent notre conclusion est que le certificat d'aptitude doit être écarté : 1° comme offrant moins de garanties que le certificat de stage ; 2° comme prêtant à l'arbitraire.

Nous passons à l'art. 2. « Nul ne peut être employé comme « professeur ou comme surveillant dans un établissement d'enseignement « gnement secondaire, si, indépendamment des conditions exi- « gées par l'art. 65 de la loi du 15 mars 1850, il ne produit pour « les cours de l'enseignement classique les diplômes de bachelier « ès lettres ou de bachelier ès sciences; pour les cours de l'ensei- « gnement spécial les mêmes diplômes, ou le certificat d'aptitude « à l'enseignement spécial; pour les autres cours et pour les fonc- « tions de la surveillance, soit les titres précités, soit le brevet « supérieur de capacité pour l'enseignement primaire. »

Cet article nous paraît devoir être absolument repoussé; il impose en effet aux établissements privés des conditions que les lycées et collèges ne remplissent pas et sont même impuissants à remplir complètement.

Dans les établissements de l'État, s'il faut en croire l'exposé des motifs, « le moindre surveillant doit justifier d'un diplôme. » Nous admettons que, depuis quarante ans et plus, les règlements universitaires veulent qu'il en soit ainsi; mais on nous accordera que ces règlements ne sont pas observés. D'après la statistique de 1876, publiée deux ans plus tard sous l'administration de M. Bardoux, les fonctionnaires dépourvus de toute espèce de grades ne manquaient pas dans les lycées ni dans les collèges communaux. Il y en avait 122 dans les lycées, 291 dans les collèges, au total 413. La situation s'est-elle modifiée depuis ? Nous inclinons à le croire. Le budget du ministère de l'instruction publique s'est considérablement accru dans ces dernières années, et l'abondance des ressources doit avoir profité au recrutement et à l'organisation du personnel. S'il en était autrement, on serait en droit d'adresser les plus graves reproches au ministre qui aurait fait un si médiocre usage des fonds mis à sa disposition par la munificence du Parlement. Mais, jusqu'à ce jour, est-ce la bonne volonté qui ait manqué à l'administration pour n'admettre dans ses cadres que des maîtres gradués ? Non, mais ce sont les moyens, c'est le personnel. Si l'Université avait voulu appliquer partout la règle qu'elle avait elle-même posée, elle se serait passée de surveillants, et même, dans beaucoup de cas, de professeurs; car, en 1876, il y avait encore dans les lycées 13 professeurs sans grades d'aucune sorte; il y en avait 85 dans les collèges communaux, savoir : 3 dans les classes de sciences; 19 dans les classes de lettres; 45 dans les classes de langues vivantes; 18 dans l'enseignement spécial. Comment, dès lors, la loi imposerait-elle aux écoles libres une condition qui, en la supposant nécessaire, l'est tout autant dans les établissements publics que dans les écoles libres, et que cependant ni l'État ni les communes n'avaient pu jusqu'ici complètement remplir?

Nous ne parlons pas seulement, nous prions qu'on le remarque, dans l'intérêt des maisons ecclésiastiques, mais dans celui de toutes les institutions en général. En 1876, on comptait en France 803 écoles secondaires libres, dont 309 relevaient plus ou moins directement du clergé, et 494 étaient dirigées par des laïques. Songe-t-on quel trouble on va jeter dans ces institutions, quel préjudice on va leur porter, en exigeant d'elles que tous les maîtres qu'elles emploient, au nombre de 6,400 environ, aient un grade? Les écoles laïques souffriront peut-être encore plus que les établissements ecclésiastiques, et c'est au nom de la liberté que nous prenons ici leur défense. Dira-t-on qu'elles pourront se dispenser de donner elles-mêmes l'enseignement, et envoyer leurs élèves au lycée ou au collège le plus voisin, et que dès lors il leur suffira de trouver quelques maîtres d'études, quelques répétiteurs qu'elles pourront choisir parmi les instituteurs munis du brevet supérieur, parmi les bacheliers, mieux encore parmi les professeurs de l'Etat? Nous avons connu ce régime dans notre jeunesse: après avoir fleuri sous le premier Empire et sous la Restauration, il approchait de son terme fatal, quand nous achevions nos études dans la première période de la monarchie de Juillet. Mais il n'était pas, il n'avait pas la prétention d'être la liberté: il s'appelait le monopole universitaire; c'est là qu'on veut nous ramener par des voies détournées. En supposant même que les institutions libres envoient leurs élèves suivre les classes des lycées et collèges, elles ne seront pas dispensées d'avoir des maîtres surveillants et quelques répétiteurs. Où les prendront-elles? Ceux qu'elles avaient employés jusqu'ici pouvaient n'avoir aucun diplôme; si désormais ils doivent être tous gradués, elles éprouveront une difficulté sérieuse à leur trouver des successeurs. A ce point de vue, le régime que M. Ferry leur prépare pèsera plus lourdement sur elles que le monopole d'autrefois.

Art. 3. — « Le jury d'examen institué par l'article 1er sera « composé du recteur de l'Académie, président ; d'un professeur « de la faculté des sciences et d'un professeur de la faculté des « lettres, de deux inspecteurs d'Académie et de deux chefs d'insti- « tution choisis dans le ressort. Le recteur pourra, en cas d'empê- « chement, déléguer la présidence à l'un des inspecteurs d'Aca- « démie du ressort. Le jury se réunira au siège de l'Académie deux « fois par an, en août et en novembre. Le programme de l'exa- « men sera fixé par un décret, après avis du Conseil supérieur de « l'instruction publique. »

Nous avons signalé plus haut les facilités que donne à l'arbitraire et les dangers que fait courir à la liberté l'institution d'un jury composé de membres à la nomination du ministre. Nous n'ajouterons que peu de mots. Quelle confiance peut inspirer une commission pareille à celle que M. Ferry propose, une commission composée de sept membres qui aura pour président le recteur et à son défaut un inspecteur, et qui comptera dans ses rangs deux autres inspecteurs, c'est-à-dire dans laquelle trois membres sur sept seront les agents directs du grand maître de l'Université, les organes de ses intentions, les exécuteurs de ses ordres : tous trois aussi dépendants qu'un préfet ou un sous-préfet peuvent l'être du ministre de l'intérieur. Ah ! ce n'est pas ainsi que les administrations les moins favorables à la liberté comprenaient autrefois les garanties qui lui sont dues. Sous la monarchie de Juillet, quand le gouvernement et les commissions élues par les Chambres se prononçaient en faveur du certificat d'aptitude, comment composait-on le jury chargé d'examiner les candidats ? Etait-ce des agents révocables à la volonté du ministre qu'on y faisait entrer ? Etait-ce même exclusivement des professeurs de faculté ? Non, c'étaient des magistrats inamovibles ; des premiers présidents de Cour, des conseillers, des juges au tribunal ; c'étaient le maire de la ville où se réunissait le jury, des ministres des différents cultes, des membres du Conseil général, des citoyens notables. On voulait des examinateurs qui fussent à l'abri de tout soupçon de servilité et de complaisance, et dont les jugements fussent acceptés par l'opinion publique et par les intéressés eux-mêmes comme l'expression de la pure équité. Une mauvaise inspiration du gouvernement, à laquelle les Chambres ont obéi, écartait, il y a un an, du Conseil de l'instruction publique, la magistrature et le clergé ; nous avons peu d'espoir qu'on veuille leur accorder une place dans les commissions d'examen ; mais, quelque stériles que puissent être nos vœux, nous regardons comme un devoir de les élever sans nous lasser. Nous demandons en conséquence que si le certificat d'aptitude pédagogique est exigé, le jury d'examen soit composé conformément aux dispositions des projets de 1836, 1840, 1841, 1844 et 1847.

Art. 4. — « Toutes les fois qu'un nouveau maître ou surveillant « sera appelé dans un établissement libre d'enseignement secon- « daire, le directeur de l'établissement sera tenu d'en faire la « déclaration, dans les huit jours au secrétariat de l'inspection « académique, et de justifier que le nouveau maître satisfait aux « prescriptions réglementaires. »

Cet article sert de sanction aux dispositions de l'article 2. Il est nécessaire en effet, pour en vérifier l'exécution, que les recteurs et inspecteurs aient constamment sous les yeux l'état exact du personnel employé dans chaque maison d'éducation à la surveillance ou à l'enseignement. Nous étant prononcés contre l'article 2, nous ne pouvons que repousser l'article 4. Il nous semble au reste qu'une pareille disposition serait mieux à sa place dans un règlement d'administration publique que dans une loi.

Art. 5. — « En cas d'infraction aux prescriptions de la présente « loi, le directeur de l'établissement sera passible des peines édic- « tées par l'article 68 de la loi du 15 mars 1850. L'établissement « sera fermé. »

Cet article n'appelle aucune observation.

Art. 6. — « En cas de désordre grave dans le régime intérieur « d'un établissement secondaire, ou s'il est constaté par l'inspec- « tion que l'enseignement est contraire à la morale, à la constitu- « tion ou aux lois, le directeur sera cité avec le professeur contre « lequel aura été dressé procès-verbal, sur la plainte du préfet ou « du recteur, devant le Conseil académique qui pourra prononcer, « soit la peine de la réprimande, avec ou sans publicité, soit l'in- « terdiction d'enseigner à temps ou à toujours, sans préjudice « des poursuites devant les tribunaux ordinaires. L'interdiction

« même à temps entraînera de droit la fermeture de l'établisse- « ment nonobstant appel. »

Cet article donne lieu à plusieurs objections très graves qui doivent le faire rejeter.

Le premier paragraphe, énumérant les faits délictueux qui peuvent se produire dans les établissements libres d'instruction secondaire, assimile au cas d'inconduite et d'immoralité deux autres cas que la loi de 1850 et les projets de loi antérieurs avaient pris soin d'en distinguer : 1° le cas de désordre grave dans le régime intérieur; 2° le cas d'un enseignement contraire à la morale, à la constitution et aux lois.

En cas d'inconduite ou d'immoralité, l'article 68 de la loi de 1850 porte que « tout chef d'établissement libre d'instruction secondaire, toute personne attachée à l'enseignement ou à la surveillance d'une maison d'éducation, pourra, sur la plainte du ministère public ou du recteur, être traduit devant le Conseil académique et interdit de sa profession à temps ou à toujours, sans préjudice des peines encourues pour crimes ou délits prévus par le Code pénal. »

Cet article est à peu près la reproduction de celui qui fut adopté en 1844 par la Chambre des pairs, à la suite d'une mémorable discussion.

Mais dans le cas de désordre grave le législateur de 1850 n'appliquait pas une pénalité aussi sévère ; il n'infligeait au chef de l'établissement dans lequel le désordre avait été constaté, que la réprimande avec ou sans publicité; et si la Chambre des pairs était allée jusqu'à la peine bien autrement grave d'une suspension temporaire, c'était en cas de récidive. Il importe d'ailleurs de ne pas oublier : 1° que, d'après le projet de 1844, les affaires dicipli- naires concernant les établissements libres n'étaient pas soumises à un conseil purement universitaire, mais portées devant le tri- bunal civil dont le jugement pouvait être frappé d'appel ; 2° qu'en cas d'interdiction d'un chef d'institution, l'établissement n'était pas immédiatement fermé, mais la direction pouvait en être confiée, pendant un délai de six mois, à un simple bachelier, muni d'un certificat de moralité, que le directeur interdit ou ses héri- tiers auraient désigné.

Que fait M. Jules Ferry ? Non seulement il ne rend pas aux établissements libres la juridiction de droit commun dans laquelle ils trouvaient une garantie ; non seulement il les livre au jugement et les laisse à la merci de leurs rivaux ; mais il les expose à être fermés, sans rémission et sans délai, à la première scène de désordre qui s'y produira. Un chef d'établissement parfaitement honorable pourra être frappé d'interdiction à temps ou à toujours; pour quel motif? parce qu'un mauvais élève aura causé du scandale dans une classe, et que tel autre, peut-être un élève exclus à juste titre, aura essayé de se venger en fomentant une rébellion. M. Ferry sait aussi bien que personne combien de pareils faits sont fréquents dans les lycées et collèges; ont-ils jamais motivé, de la part de l'administration, d'autre mesure que la réprimande, le déplacement et dans des cas très exceptionnels la mise en disponibilité des proviseurs, censeurs et principaux Pourquoi donc changer ce que la loi de 1850 avait si sagement et si libéralement réglé? Ah! la raison est bien simple. On veut rendre aux établissements privés la vie si dure qu'elle leur devienne impossible sans l'aveu du gouvernement; on veut les entourer de pièges où ils tomberont à la première occasion, si le gouvernement a ordonné leur ruine. Comme tant d'autres conceptions de M. Ferry, l'assimilation du cas de désordre au cas d'inconduite et d'immoralité, l'application de la même pénalité à l'un et à l'autre est un empiètement abusif de l'arbitraire ministériel sur le domaine de la liberté.

Nous ne sommes pas moins effrayés du membre de phrase de l'article 6, qui range d'une manière expresse parmi les faits délictueux tout enseignement contraire à la morale, à la constitution et aux lois. Est-ce que jamais personne a soutenu qu'un tel enseignement, s'il venait à se produire, dût rester impuni? Le législateur de 1850 aurait-il poussé à ce point l'imprévoyance, et l'ancien Conseil supérieur de l'instruction publique, l'oubli de ses devoirs envers la jeunesse et envers le pays? Quelque restreinte que puisse paraître à nos adversaires la mission donnée par la loi actuellement en vigueur aux agents de l'Université, ceux-ci ont pour devoir de vérifier dans chaque école si les leçons qu'y reçoivent les élèves n'offensent pas la morale ou ne s'écartent pas du respect dû aux institutions. Les rapports qu'ils adressent au gouvernement ne sont nullement dépourvus de sanction ; car si le fait d'un mauvais enseignement est dénoncé, il constitue à la fois un désordre grave qui engage la responsabilité du chef de l'établissement devant le Conseil académique, et un délit de droit commun prévu par le Code pénal, et pouvant amener le professeur sur les bancs de la police correctionnelle. Cette législation suffisait au gouvernement impérial, comme elle a suffi depuis 1871 au gouvernement républicain. Si M. le ministre de l'instruction publique entreprend aujourd'hui de la changer, c'est qu'il songe beaucoup moins à réprimer dans l'intérêt de la bonne éducation et de la justice, des délits réels et certains, qu'à créer des délits fictifs, soumis à une juridiction dépendante, qui l'aidera sans scrupule à enchaîner la liberté. Qu'arrivera-t-il en effet si la proposition ministérielle est adoptée ? Sur un certain nombre de points il se formera une doctrine d'Etat que, bon gré mal gré, en dépit de la vérité historique et en dépit de ses propres convictions, toute personne participant à l'éducation publique sera tenue de professer. Quiconque en professera une différente, quiconque par exemple jugera les personnages et les faits de l'histoire contemporaine autrement que le ministre, celui-là sera tenu pour suspect, et au premier jour il sera frappé. Il n'y a pas de délit plus insaisissable et moins défini que ceux qui sont commis dans la suite d'un enseignement; les procès qui en résultent, suivant le bon plaisir de l'administration, ne sont pour la plupart que des procès de tendance, mortels à la liberté, quand ils sont portés devant un tribunal administratif. En bonne justice et dans l'intérêt même du gouvernement, il ne convient de poursuivre que les délits de droit commun, tels que l'outrage aux mœurs et la provocation à la désobéissance aux lois, délits dont le tribunal correctionnel est le véritable juge. C'est là ce que la Chambre des pairs avait bien compris en 1844, lorsqu'elle rejetait un amendement présenté par M. Franck Carré qui, dans l'article concernant les cas d'inconduite et d'immoralité, proposait d'insérer le paragraphe suivant : « Les mêmes poursuites seront dirigées contre le chef d'un établissement secondaire en cas d'enseignement contraire à la morale publique et religieuse ou aux lois du royaume. » L'amendement fut combattu par M. Villemain, alors ministre de l'instruction publique, et avec plus de force encore par M. le duc de Broglie. (Séance de la Chambre des pairs du 21 mai 1844). « On veut, disait le duc de Broglie, on veut que chaque enseignement soit surveillé dans sa nature, dans sa tendance, dans toutes ses parties, et que chaque doctrine puisse arriver à son tour devant le tribunal, » nous sommes obligés de dire aujourd'hui, devant le Conseil académique, « pour y être qualifiée. Si c'est là ce qu'on veut, il ne subsistera pas ombre de la liberté de l'enseignement. » — « Je crois impossible, » continuait le duc de Broglie, de maintenir une liberté quelconque de l'enseignement, si on veut avoir ce degré de répression continue. » Et plus loin : « On trouvera toujours une raison pour traduire le professeur devant le tribunal », lisez : devant le Conseil académique, et je crois qu'il n'y aura aucune garantie réelle offerte à la liberté que vous voulez établir. »

Nous n'ajouterons rien à ces fortes et décisives paroles.

Nous croyons avoir mis en pleine lumière les objections, aussi graves que nombreuses, qui s'élèvent contre la première partie de l'art. 6 du nouveau projet de loi. Mais que dire de la disposition inscrite dans le dernier paragraphe, sinon qu'elle est bien le signe d'une époque telle que la nôtre, dans laquelle les principes les plus élémentaires de la justice et de l'équité sont outrageusement méconnus par ceux qui devraient en être les premiers gardiens? Aux termes de ce paragraphe, l'interdiction même à temps, prononcée contre un chef d'établissement d'instruction secondaire, entraîne de droit la fermeture de l'établissement, nonobstant appel. Que, dans certains cas, l'appel des parties ne doive pas suspendre l'exécution d'un jugement, on le conçoit; mais c'est aux tribunaux qu'il appartient de déterminer dans chaque espèce, par leur jugement même, s'il sera ou non provisoirement exécutoire. Si telle est la règle généralement suivie en matière civile, jamais en matière correctionnelle, à plus forte raison cette règle est-elle applicable, lorsqu'il s'agit d'une affaire dans laquelle la décision du juge entraîne pour la partie condamnée des conséquence irréparables. La fermeture provisoire d'une école est pour cette école, dans la plupart des cas, un arrêt de mort; dès que les enfants qui la fréquentaient l'ont quittée, ils n'y reviendront pas, ou du moins il est très difficile de les y rappeler. Voilà un établissement ruiné, et cependant il peut arriver et il arrivera souvent que la sentence qui le condamne soit annulée. C'est déjà beaucoup que les Conseils académiques aient reçu l'énorme pouvoir de décider que leur sentence, quand ils le jugent à propos, sera exécutoire nonobstant appel; mais ériger en règle absolue ce qui ne devrait être qu'une exception, déclarer qu'en droit il suffira qu'un chef d'institution ait été frappé d'une suspension temporaire de trois mois, de deux mois, pour que l'école soit fermée, c'est là ce qui ne s'était jamais vu. Les Conseils académiques sont-ils donc composés de telle sorte qu'ils méritent un brevet d'infaillibilité? On les a vus à l'œuvre; leurs décisions ont-elles toujours été ratifiées, nous ne dirons pas par la conscience du pays, mais par le Conseil supérieur de l'instruction publique? Au Conseil supérieur, à côté d'une majorité de professeurs et d'inspecteurs révocables dont le ministre tient le sort entre ses mains, siègent du moins quelques membres dont la position éminente, le caractère éprouvé, les services et la renommée sont autant de motifs de confiance pour les justiciables. Les Conseils académiques, nous ne croyons pas les offenser en tenant ce langage, n'offrent pas les mêmes garanties, et leur conscience le leur dit à eux-mêmes bien plus haut que nos humbles paroles. Comment donc attribuer à leurs décisions l'inexplicable privilège d'être exécutoires nonobstant tout appel, dans le cas où il est le plus nécessaire que l'appel soit suspensif? Cette disposition est-elle autre chose qu'une scandaleuse atteinte portée, après tant d'autres, aux maximes d'équité qui avaient prévalu jusqu'ici dans la législation française ?

Nous arrivons à l'art. 7 et dernier du projet ministériel : « La « présente loi sera exécutoire à partir du 1er octobre 1881. Toutefois les chefs d'institution qui auront, au moment de la promul- « gation de la présente loi, plus de cinq ans d'exercice et plus de « quarante ans d'âge, seront dispensés de la production du certi- « ficat d'aptitude mentionné à l'art. 1er. »

Sur cet article nous avons à présenter deux observations. Il porte que la loi sera exécutoire à partir du 1er octobre 1881 ; ce qui veut dire qu'au 1er octobre prochain, les chefs d'établissements libres, les professeurs et maîtres surveillants attachés à des établissements libres, devront, conformément aux art. 1 et 2, être pourvus des certificats, diplômes et brevets qu'il impose ; ceux qui ne les ont pas aujourd'hui devront se les procurer d'ici là. Mais n'est-ce pas imposer à tout ce personnel une condition impossible à remplir dans l'espace de quelques mois, et n'est-il pas de toute justice d'accorder aux chefs d'institution et à leurs collaborateurs un délai dix fois plus long pour satisfaire à une exigence tout à fait inattendue? Ici nous invoquerons de nouveau contre M. Ferry les exemples qu'il aime à citer. Quand on songea pour la première fois à demander aux répétiteurs et maîtres surveillants des établissements privés un diplôme tel quel, il ne vint à la pensée de personne que la mesure fût immédiatement exécutoire. En 1844, sur la proposition même du gouvernement, la Chambre des pairs en ajournait l'application à trois ans. En 1847, dans le projet dont il est l'auteur, M. de Salvandy accordait un délai de cinq ans, et la commission de la Chambre des députés, qui eut M. de Liadières pour rapporteur, faisait de même. Pourquoi se montrer aujourd'hui plus sévère? Le Gouvernement républicain ne puisera-t-il donc ses inspirations dans les exemples de la monarchie que lorsqu'ils tendent à restreindre la liberté, jamais lorsqu'ils enseignent à la garantir? Nous avons l'espoir que ce projet de loi ne sera pas voté; mais s'il devait être maintenu, nous demanderions tout au moins que l'exécution des art. 1 et 2 fût ajournée à cinq ans.

Le dernier paragraphe de l'art. 7 appelle une autre observation. Il prétend accorder une faveur aux longs services, et au bénéfice de cette faveur il n'admet que les maîtres en exercice au jour de la promulgation de la loi. Nous pensons qu'il devrait être rédigé ainsi qu'il suit : « Toutefois les chefs d'institution, ayant dirigé ou dirigeant, lors de la promulgation de la loi, un établissement d'instruction secondaire, et comptant plus de cinq ans d'exercice et plus de trente-cinq ans d'âge, seront dispensés de la production du certificat exigé par l'art. 1er. »

Nous ne terminerons pas cet examen du triste projet de loi dont M. Jules Ferry a ramassé les éléments dans les propositions avortées d'un gouvernement déchu, sans relever quelques phrases inqualifiables de l'exposé de motifs.

Pour justifier le renversement de la loi de 1850 et les nouveaux coups portés à la liberté de l'enseignement, il fallait calomnier la situation créée par cette loi, et les institutions issues de la liberté ; comment M. Jules Ferry a-t-il pu recourir à des procédés si peu dignes de la situation que la fortune lui a faite? Comment a-t-il pu descendre jusqu'à couvrir de sa signature les phrases suivantes, qu'il faut citer pour le châtiment de leur auteur, quel qu'il soit :

« A ces conditions, c'est-à-dire aux conditions fixées par la loi de 1850, on peut ouvrir boutique, offrir l'enseignement secondaire au plus juste prix et charger de tous les cours des maîtres sans aptitude légale, sans certificat d'aucune sorte... Sous l'influence de cette législation, l'esprit de lucre et d'aventure a été progressant d'année en année. Les grands établissements de livres dirigés à Paris et dans les centres importants par des hommes honorables, ont sombré l'un après l'autre pour faire place le plus souvent à de simples maisons de commerce. »

Où donc M. Ferry a-t-il puisé les éléments de ce sombre tableau, si ce n'est dans ses préjugés et dans ses rancunes, bassement encouragés par ses adulateurs ? Que prétend-il inculper, quand il dénonce l'incessant progrès de l'esprit de lucre et d'aventure dans l'enseignement libre? Quelles sont ces boutiques offrant au plus juste prix l'instruction secondaire, et ces maisons de commerce trafiquant de la chose la plus sainte, l'éducation de la jeunesse, qui ont remplacé d'anciens et honorables établissements ? Oui sans doute un esprit nouveau s'est développé depuis que la loi de 1850 lui a ouvert la carrière ; mais ce n'est pas un esprit de lucre ni d'aventure : c'est un esprit d'abnégation, de sacrifice et de charité, dont les admirables efforts ont fondé, soutenu, animé un si grand nombre d'écoles chères aux parents chrétiens. Ces écoles n'ont été ni des boutiques trafiquant de l'éducation, ni des maisons de commerce avides de gain, mais l'asile des bonnes études et des bonnes mœurs. Là une discipline à la fois ferme et paternelle s'est facilement établie et maintenue ; là, sous des maîtres accomplis, la religion et le travail ont été en honneur, les sciences aussi bien que les lettres ont été cultivées avec succès ; de là sont sorties plusieurs générations d'élèves qui ont bien mérité de leur patrie dans la carrière militaire comme dans les carrières civiles. Tels sont les fruits de la loi de 1850 et de la liberté sincère qu'elle avait consacrée. Voilà pourquoi cette loi est l'objet des malédictions du radicalisme, dont M. Jules Ferry s'est constitué l'organe; elle serait moins attaquée, si elle avait été moins féconde.

Tant que l'expérience n'avait pas parlé, on était en droit d'hésiter sur les conséquences que la liberté d'enseignement entraînerait; on pouvait craindre qu'elle favorisât les entreprises mercantiles, les fondations hasardées, les enseignements ineptes, équivoques ou frelatés. Aujourd'hui l'expérience est faite ; elle a duré trente ans ; elle n'a confirmé aucune de ces appréhensions. Beaucoup d'anciens établissements ont disparu ; mais, à de rares exceptions, ils n'étaient pas du nombre de ceux qui honoraient l'Université et dont la perte soit regrettable. Quant aux établissements fondés depuis 1850, quelles plaintes ont-ils soulevées? Ont-ils été mal dirigés ? La surveillance y laissa-t-elle à désirer ? La discipline en est-elle signalée par l'administration académique comme relâchée? A-t-on vu s'y produire des actes d'insubordination pareils à ceux qui à plusieurs reprises, et encore tout récemment, ont éclaté dans différents lycées? Les études y sont-elles plus faibles que dans la plupart des collèges communaux? Nous en appelons sur ce point au témoignage de ceux qui ont eu entre les mains l'administration de l'instruction publique dans ce dernier quart de siècle : nous ne doutons pas de leur réponse. M. Jules Ferry a donc été trompé; les étonnantes allégations de l'exposé de motifs rédigé dans ses bureaux sont absolument dénuées de fondement; nous ne pouvons y voir que des contre-vérités qui tournent à l'injure envers des institutions respectables et prospères, qu'on n'a pas le courage de nommer et qui sont celles qu'on redoute le plus. Mais, comme l'a dit M. de Falloux dans une circonstance mémorable, les injures sont soumises à la loi des corps pesants; elles n'ont de poids qu'à proportion de la hauteur d'où elles tombent.

Continuons, pour notre part, à défendre la loi de 1850; attachons-nous de plus en plus à montrer qu'elle ne fut pas une loi de réaction, mais une loi de liberté; et rallions, si nous le pouvons, tous les ennemis de l'arbitraire dans une protestation unanime contre un projet qui nous ramène, par des voies détournées, au régime de l'autorisation préalable, et ne tend qu'à restaurer l'omnipotence administrative en matière d'éducation.

www.ingramcontent.com/pod-product-compliance
Ingram Content Group UK Ltd.
Pitfield, Milton Keynes, MK11 3LW, UK
UKHW020455220726
13923UKWH00006B/2561